SUMÁRIO

SOBRE A AUTORA

1

INTRODUÇÃO

3

1. Compreendendo as Bases da Economia Comportamental

5

2. Vieses Cognitivos e Suas Implicações nas Decisões Financeiras

8

3. Heurísticas: Atalhos Mentais que Moldam Nossas Decisões Financeiras

14

4. Aversão à Perda: Por Que Perdas Doem Mais que Ganhos

17

5. Como o Efeito de Enquadramento Molda Comportamento do Consumidor

19

6. O Impacto da Arquitetura de Escolhas na Tomada de Decisão

24

7. Aplicações Práticas: Economia Comportamental e a Construção de Caminhos

27

8. Referências Bibliográficas   32

SOBRE A AUTORA

Nasceu em São Pedro do Sul, no Rio Grande do Sul, mas sua verdadeira história começou em Santa Maria, onde chegou aos quatro anos de idade.

Sua jornada educacional teve papel crucial nessa trajetória. Na Escola Nossa Senhora de Fátima, no Ensino Fundamental, e na Escola Estadual Cilon Rosa, no Ensino Médio. Ambas instituições contribuíram para moldar meus primeiros vislumbres do mundo.

Sua entrada na Universidade Federal de Santa Maria (UFSM) em 1995, onde formou-se em 2000 em Ciências Econômicas, representou um marco na busca pelo conhecimento. Além disso, minha especialização em História do Cone Sul, realizada na UNIFRA (hoje UFN) em 2002, acrescentou profundidade e significado ao meu percurso intelectual.

Em 2003, ao ser aprovada no concurso da Prefeitura Municipal de Santa Maria para o cargo de Agente Administrativo, uma nova etapa se iniciou, marcada por um profundo comprometimento com o serviço público e com a minha querida comunidade.

Sua busca pelo conhecimento nunca cessou. Em 2007, adentrou na Faculdade de Direito da UFN, onde permaneceu por dois anos, absorvendo o universo do direito e da justiça.

Suas raízes estão profundamente fincadas nessa terra, e com grande emoção, continua a escrever as páginas da sua história na cidade que é o verdadeiro lar do meu coração: Santa Maria.

Agradecimentos

Agradeço a Deus, aos meus pais Ligia e Ernani que me proporcionaram a educação que hoje norteia meus valores éticos e morais. A UFSM e a UFN que me deram suporte ao conhecimento científico que hoje carrego, agradeço a cidade de Santa Maria, RS que me acolheu como filha, e a todos que contribuíram para meu crescimento.

Contatos:

Instagram: @huffelvaleska

www.valeskahuffel.com.br

INTRODUÇÃO

"Queda e Ascensão: O Preço das Decisões" convida você a uma jornada reveladora pelo fascinante universo da economia comportamental, onde psicologia e finanças se encontram para explicar como tomamos decisões – nem sempre racionais – no dia a dia.

Com uma abordagem instigante e acessível, o livro desvenda os principais vieses cognitivos, heurísticas e emoções que influenciam nossas escolhas financeiras e de consumo. Por que gastamos mais do que planejamos? Por que evitamos riscos em alguns momentos e os buscamos em outros? Como nossas quedas podem ensinar lições valiosas para ascender a decisões melhores?

Repleto de exemplos práticos, estudos de caso e reflexões, o livro oferece insights profundos sobre como pequenos ajustes em nossa mentalidade e comportamento podem transformar nossa relação com o dinheiro e com as escolhas que moldam nossas vidas. A jornada começa com a desconstrução dos mitos da economia tradicional e culmina em aplicações práticas que podem melhorar suas finanças, carreira e bem-estar.

Prepare-se para repensar suas decisões, superar armadilhas emocionais e descobrir o poder da psicologia para alcançar uma ascensão sólida e consciente.

A mensagem central do livro é clara: todos enfrentamos quedas, mas com autoconhecimento e ferramentas certas, podemos transformá-las em oportunidades para ascender. Esta é a chave para tomar decisões mais inteligentes e alcançar uma vida mais equilibrada, consciente e plena.

Prepare-se para repensar sua relação com o dinheiro, suas escolhas e até consigo mesmo. Este livro não apenas explica, mas transforma. **A jornada começa agora.**

1. Compreendendo as Bases da Economia Comportamental

A economia comportamental é um campo que ganhou força principalmente graças às contribuições de dois psicólogos pioneiros: Daniel Kahneman e Amos Tversky. Suas pesquisas desafiavam a visão tradicional da economia, que assume que as pessoas tomam decisões racionais e baseadas em um cálculo lógico de benefícios e custos. Kahneman e Tversky, por meio de experimentos e estudos, demonstraram que as decisões humanas são frequentemente influenciadas por fatores psicológicos e emocionais, o que leva a desvios da racionalidade econômica esperada.

Um dos trabalhos mais influentes desses autores foi a introdução da Teoria da Prospeção (1979), que explicava como as pessoas valorizam ganhos e perdas de maneira desigual, com uma aversão muito maior à perda do que o prazer derivado do ganho de um valor equivalente. Esse conceito foi fundamental para entender fenômenos como o comportamento de aversão ao risco e as decisões de investimento, que contradizem o que a teoria econômica clássica previa.

Daniel Kahneman, em particular, ficou mundialmente famoso por seu livro "Rápido e Devagar: Duas Formas de Pensar" (2011). Nesse livro, ele explora a ideia de que a mente humana opera de duas formas distintas: o Sistema 1, rápido, intuitivo e emocional, e o Sistema 2, mais lento, racional e analítico. O livro é uma síntese de décadas de pesquisas sobre como tomamos decisões, como os vieses cognitivos influenciam nossas escolhas e como esses processos afetam o comportamento econômico.

Amos Tversky, embora tenha falecido antes de ver o impacto total de seu trabalho, também deixou um legado duradouro. Ele e Kahneman colaboraram em vários artigos e pesquisas que desafiavam as suposições de racionalidade presentes na economia tradicional. Juntos, eles criaram a base para a economia comportamental, que mais tarde seria expandida para áreas como a política pública, a educação e o marketing.

Outros livros importantes que ajudam a entender a evolução desse campo e suas implicações são:

- "Nudge: O Empurrão Para a Escolha Certa" (2008), de Richard Thaler e Cass Sunstein. Thaler, outro grande nome da economia comportamental, introduz a ideia de "nudges" (empurrões), que são pequenas mudanças no ambiente que podem influenciar as decisões das pessoas de forma previsível sem coagi-las. Thaler recebeu o Prêmio Nobel de Economia em 2017 por suas contribuições ao campo da economia comportamental.
- "Misbehaving: The Making of Behavioral Economics" (2015), também de Richard Thaler, oferece uma visão detalhada sobre como a economia comportamental se desenvolveu e ganhou reconhecimento, indo contra a teoria econômica convencional, que assume que as pessoas são sempre racionais.

Esses livros e as pesquisas desses autores não apenas ajudaram a moldar a economia comportamental como um campo acadêmico, mas também influenciaram a forma como pensamos sobre políticas públicas, decisões financeiras, marketing e até mesmo sobre como tomamos decisões no dia a dia. O trabalho deles demonstra que o comportamento humano é muito mais complexo do que simples cálculos racionais, e que nossas escolhas podem ser guiadas por uma série de fatores emocionais e psicológicos.

2. Vieses Cognitivos e Suas Implicações nas Decisões Financeiras

Os vieses cognitivos são armadilhas mentais que afetam nossa capacidade de raciocinar de forma lógica e imparcial que podem levar a que ou a ascensão. Eles têm um impacto profundo em decisões financeiras, muitas vezes levando a comportamentos que contradizem nossos melhores interesses econômicos.

Abaixo, discutimos alguns vieses e suas consequências práticas: Efeito de Enquadramento (Framing Effect) O que é: As escolhas das pessoas são influenciadas pela maneira como as informações são apresentadas, mesmo que o conteúdo seja idêntico.Exemplo financeiro: Um investidor pode preferir um fundo com "90% de retorno garantido" em vez de outro descrito como tendo "10% de chance de perda", apesar de serem equivalentes. Como mitigar: Reavaliar as opções com foco nos dados objetivos, independentemente da apresentação.

Aversão à Perda, o que é? Perdas são percebidas como mais significativas do que ganhos de igual valor. Exemplo financeiro: Um investidor pode se recusar a vender uma ação em queda para evitar "realizar a perda", mesmo que isso impeça a alocação em um ativo mais promissor.Como mitigar: Encarar as decisões de forma pragmática, considerando os custos de oportunidade.

Viés de Confirmação, o que é? A tendência de buscar informações que reforcem crenças existentes e ignorar dados que as contradizem.Exemplo financeiro: Uma pessoa que acredita que imóveis são os melhores investimentos pode ignorar evidências de uma bolha imobiliária iminente.Como mitigar: Buscar ativamente opiniões divergentes e basear as decisões em análises fundamentadas.

Por que é importante entender os vieses?Reconhecer e compreender os vieses cognitivos é um passo essencial para melhorar a inteligência financeira. Ao adotar estratégias para reduzir os efeitos dessas distorções, como planejar decisões com antecedência ou consultar especialistas, é possível tomar decisões mais equilibradas e racionais. Quer saber mais sobre estratégias específicas para minimizar esses vieses no dia a dia financeiro?

Aqui estão alguns estudos de caso que ilustram como os vieses cognitivos podem influenciar as decisões financeiras, tanto no contexto individual quanto em contextos mais amplos, como o comportamento dos investidores e o gerenciamento de riscos.

Efeito de Enquadramento: Investimentos no Mercado de Ações

Caso: Imagine um investidor que está considerando dois fundos de ações. Um é descrito como tendo "70% de chance de ganho de 10%" e o outro como "30% de chance de perda de 10%".**Resultado:** Apesar de ambos os fundos serem estatisticamente equivalentes (o primeiro diz a probabilidade de ganhar, o segundo de perder), os investidores tendem a preferir o primeiro fundo, devido ao foco no ganho em vez da perda.**Análise:** Esse comportamento pode ser atribuído ao **efeito de enquadramento**, onde a apresentação das mesmas informações de maneira diferente leva a decisões diferentes. Investidores podem tomar decisões subótimas devido a como as opções são apresentadas

Aversão à Perda: O Caso da Venda de Ações

- **Caso:** Um investidor compra ações de uma empresa por R$ 100 cada. Quando o preço cai para R$ 70, ele se recusa a vender, acreditando que pode recuperar a perda e que a ação voltará a subir. A perda de R$ 30 o incomoda, mas ele ignora a análise de que a empresa pode não se recuperar tão cedo.
- **Resultado:** O investidor opta por manter a ação, embora isso possa resultar em mais perdas financeiras se o valor continuar caindo.
- **Análise:** Esse é um exemplo clássico da **aversão à perda**, onde as perdas são emocionalmente mais dolorosas que os ganhos equivalentes. Esse viés pode levar os investidores a manter investimentos ruins na esperança de evitar uma "realização" de perda.

Viés de Confirmação: Estratégia de Investimentos

- **Caso:** Um investidor acredita fortemente que o mercado imobiliário é a melhor opção de investimento a longo prazo. Ele começa a buscar notícias, relatórios e artigos que confirmem essa crença, ignorando ou descartando informações que indicam uma possível crise no mercado imobiliário.

- **Resultado:** Esse viés de **confirmação** pode resultar em um portfólio de investimentos desequilibrado, com excesso de exposição ao setor imobiliário, mesmo que outros investimentos possam oferecer melhor risco-retorno.
- **Análise:** O viés de confirmação reforça crenças pré-existentes, ignorando novas evidências que podem desafiar essas crenças. Isso pode resultar em decisões financeiras menos racionais e mais arriscadas.

Excesso de Confiança: O Caso dos Traders de Alta Frequência

- **Caso:** Alguns traders de alta frequência (HFT) acreditam que suas estratégias são infalíveis devido ao seu acesso a dados em tempo real e algoritmos avançados. Com isso, eles tomam posições excessivamente grandes e assumem riscos sem uma avaliação adequada da possibilidade de falhas nos seus modelos.
- **Resultado:** O excesso de confiança leva a perdas substanciais durante períodos de volatilidade inesperada nos mercados.
- **Análise:** Esse caso ilustra o **excesso de confiança**, onde a crença exagerada nas próprias habilidades ou ferramentas leva a decisões financeiras arriscadas e prejudiciais.

Falácia do Custo Afundado: O Caso da Pequena Empresa

- **Caso:** Um empresário investe R$ 1 milhão em um novo projeto, mas após um ano, ele percebe que o negócio não está indo bem e que o mercado não responde como o esperado. Em vez de cortar suas perdas, ele decide investir mais dinheiro para "salvar" o projeto, já que ele já perdeu uma quantia significativa.
- **Resultado:** O empresário acaba gastando mais do que o necessário e potencialmente afunda ainda mais os recursos da empresa.
- **Análise:** Esse é um exemplo da **falácia do custo afundado**, onde a pessoa continua investindo em algo apenas porque já gastou muito dinheiro, ignorando a realidade de que os recursos já foram perdidos e não podem ser recuperados.

O Efeito de Ancoragem: Decisões de Compras

- **Caso:** Um consumidor entra em uma loja de eletrodomésticos e vê um produto com o preço original de R$ 1.500, mas com um desconto de 20%, o que coloca o preço final em R$ 1.200. Mesmo que o preço original de R$ 1.500 seja artificialmente elevado, o desconto faz o consumidor acreditar que está fazendo um bom negócio.
- **Resultado:** O consumidor pode acabar comprando o produto, mesmo que ele não precise ou que o preço ainda seja alto em comparação com outras lojas.

- **Análise:** Esse comportamento é causado pelo **efeito de ancoragem**, onde uma primeira informação (neste caso, o preço original) serve como "âncora", e as decisões subsequentes são influenciadas por ela.

Estratégias para Mitigar os Vieses

Para mitigar os efeitos negativos desses vieses, as pessoas podem adotar algumas estratégias como:

- **Análise racional e dados objetivos:** Evitar decisões baseadas em emoções e avaliar as opções com base em informações imparciais.
- **Consultoria externa:** Obter a opinião de especialistas para evitar vieses pessoais e ter uma perspectiva diferente.
- **Reflexão e revisão regular das decisões:** Avaliar se as decisões ainda são válidas com o passar do tempo, sem deixar que emoções ou crenças pré-existentes influenciem as escolhas.

Esses estudos de caso demonstram como os vieses cognitivos podem afetar as decisões financeiras, levando a escolhas irracionais e, em alguns casos, prejudiciais.

3. Heurísticas: Atalhos Mentais que Moldam Nossas Decisões Financeiras

Heurísticas são atalhos mentais que nos ajudam a tomar decisões rápidas em situações de incerteza, simplificando o processo de julgamento. Embora essas estratégias sejam eficientes, elas podem também levar a erros de avaliação, especialmente quando se trata de decisões financeiras. Vamos explorar algumas heurísticas comuns e como elas influenciam nossas escolhas financeiras:

Disponibilidade

- **O que é:** A tendência de superestimar a probabilidade de um evento com base na facilidade com que podemos lembrar exemplos semelhantes.
- **Exemplo financeiro:** Um investidor que tem recentemente ouvido falar de um colapso do mercado financeiro pode superestimar a probabilidade de outra crise iminente, vendendo suas ações em pânico, mesmo sem uma razão substancial.

- **Consequências:** Esse viés pode levar a decisões excessivamente conservadoras ou impulsivas, como evitar investimentos por medo de um evento que não é tão provável quanto parece.

Ancoragem

- **O que é:** A tendência de confiar demais na primeira informação recebida (âncora), mesmo que seja irrelevante ou imprecisa.
- **Exemplo financeiro:** Se uma pessoa vê o preço original de um produto como R$ 1.000 e, em seguida, um desconto para R$ 800, ela pode achar que está fazendo um ótimo negócio, mesmo que o valor de mercado do produto seja muito mais baixo. A "âncora" do preço original influencia a decisão de compra.
- **Consequências:** No contexto financeiro, isso pode levar a decisões distorcidas, como pagar mais por um ativo do que ele realmente vale, devido ao foco excessivo em um preço inicial ou em um dado irrelevante.

Representatividade

- **O que é:** A tendência de julgar a probabilidade de um evento com base na sua similaridade com um protótipo ou estereótipo mental.
- **Exemplo financeiro:** Um investidor pode acreditar que uma startup de tecnologia com uma equipe jovem e dinâmica será bem-sucedida, simplesmente porque ela se assemelha a outras empresas de tecnologia que tiveram sucesso, sem avaliar adequadamente o contexto ou as particularidades do negócio.

- **Consequências:** Esse viés pode levar a decisões financeiras baseadas em suposições, em vez de uma análise crítica e completa dos fatos. Investidores podem se deixar levar por estereótipos e tendências, ignorando os dados relevantes.

Impacto das Heurísticas nas Decisões Financeiras

Embora as heurísticas possam ser úteis para decisões rápidas, elas frequentemente resultam em julgamentos imprecisos, especialmente em situações financeiras complexas. Compreender como as heurísticas funcionam é essencial para evitar erros de julgamento e tomar decisões mais racionais e fundamentadas.

Como Mitigar os Efeitos das Heurísticas

- **Reflexão consciente:** Ao tomar decisões financeiras, procure analisar a situação de forma lógica, questionando se você está sendo influenciado por algum viés.
- **Buscar múltiplas fontes de informação:** Consulte várias perspectivas antes de tomar uma decisão, em vez de confiar em uma única "âncora" ou estereótipo.
- **Análise de longo prazo:** Considere as implicações financeiras a longo prazo de suas decisões, em vez de agir com base em exemplos recentes ou tendências do momento.

Ao entender como as heurísticas moldam nossas escolhas, podemos melhorar nossa capacidade de tomar decisões financeiras mais racionais e estratégicas.

4. Aversão à Perda: Por Que Perdas Doem Mais que Ganhos

A **aversão à perda** é outro viés cognitivo que desempenha um papel significativo nas nossas decisões financeiras. Ela se baseia na ideia de que a dor de perder algo é muito mais intensa do que o prazer de ganhar a mesma quantidade. Em finanças, isso pode se manifestar de várias formas:

- **Manutenção de investimentos ineficazes:** Por medo de realizar perdas, muitos investidores mantêm ativos que estão em declínio, acreditando que o valor voltará a subir, embora os sinais do mercado indiquem o contrário.
- **Evitação de riscos:** A aversão à perda pode levar a uma aversão ao risco, fazendo com que as pessoas evitem investimentos que, embora potencialmente rentáveis, envolvem uma possibilidade de perda. Isso pode limitar as oportunidades de crescimento financeiro.
- **Decisões financeiras impulsivas:** Para evitar o sofrimento de uma perda, muitas pessoas tomam decisões financeiras apressadas, como vender

rapidamente ações durante uma queda de mercado, sem analisar o panorama completo.

Entender a aversão à perda nos ajuda a ver que o medo da perda pode não ser uma base racional para as decisões financeiras. Ao tomar consciência desse viés, podemos aprender a agir de maneira mais estratégica, em vez de ser guiados por emoções momentâneas.

Combinando a Compreensão de Heurísticas e Aversão à Perda

Tanto as heurísticas quanto a aversão à perda podem nos levar a decisões precipitadas e irracionais, mas, ao compreendê-las, podemos usar essas informações a nosso favor. Ao aprender a identificar esses padrões de pensamento, podemos adotar abordagens mais racionais, como:

- **Desafiar nossas primeiras impressões e informações iniciais**, buscando mais dados e perspectivas antes de tomar uma decisão financeira importante.
- **Refletir sobre nossas emoções e a sensação de perda**, procurando tomar decisões com base em análises objetivas e não em reações impulsivas.

Ao equilibrar esses fatores, conseguimos não só evitar armadilhas psicológicas, mas também aumentar nossas chances de sucesso financeiro, tomando decisões mais informadas e com menos influência do medo ou da pressa.

5. Como o Efeito de Enquadramento Molda Comportamento do Consumidor

O efeito de enquadramento é um poderoso fenômeno psicológico que pode determinar a queda ou a ascensão de um produto, marca ou até mesmo do comportamento de um consumidor. Ele mostra como a maneira de apresentar informações — o "enquadramento" — influencia profundamente as decisões, mesmo quando os fatos objetivos permanecem os mesmos. O sucesso ou o fracasso de uma campanha de marketing ou uma estratégia de venda pode depender diretamente de como os dados são apresentados.

A Queda: Como Enquadramentos Negativos Desencorajam Decisões

Mensagens mal estruturadas ou focadas exclusivamente no lado negativo podem afastar consumidores e levar à perda de oportunidades:

- **Exemplo:** Imagine um plano de saúde que anuncia:
    1. "20% das pessoas sem seguro enfrentam altos custos médicos em emergências."
    2. "80% dos nossos clientes estão protegidos contra custos médicos inesperados."

A primeira mensagem, com um enquadramento negativo, pode causar uma reação de medo ou aversão, dificultando a criação de confiança na marca. Por outro lado, a segunda mensagem, que enfatiza o benefício de estar coberto, é mais propensa a gerar conversões e atrair clientes.

A Ascensão: Enquadramentos Positivos e o Impulso para o Sucesso

O sucesso de muitas campanhas de marketing está no uso eficaz de enquadramentos positivos, que destacam ganhos e vantagens:

- **Exemplo:** Um supermercado que promove produtos sustentáveis pode enquadrar a mensagem de duas maneiras:

    "Apenas 10% do produto vem de fontes não-renováveis."

    "90% do produto é feito com materiais sustentáveis."

Embora ambas as mensagens sejam factualmente idênticas, a segunda enfatiza uma visão positiva, promovendo a ascensão da percepção de valor do produto.

Ganhos vs. Perdas: O Equilíbrio Delicado do Enquadramento

O efeito de enquadramento é amplamente explorado ao contrapor ganhos e perdas. A aversão à perda, um viés cognitivo comum, torna o enquadramento de perdas particularmente poderoso, mas perigoso se mal utilizado.

- **Exemplo:** Um programa de fidelidade apresenta duas opções:

    "Ganhe 10 pontos por cada compra."

    "Perca a chance de ganhar 10 pontos por não participar."

Pesquisas mostram que consumidores frequentemente respondem mais ao segundo enquadramento, pois o medo da perda ativa uma resposta emocional mais forte. Entretanto, o uso excessivo de perdas pode causar resistência ou desconfiança, prejudicando a marca no longo prazo.

Do Declínio à Recuperação: Revertendo Quedas com o Enquadramento Correto

Empresas que enfrentam crises ou declínio podem usar o enquadramento para reverter sua situação. Reenquadrar um problema pode transformar uma imagem negativa em uma oportunidade de ascensão.

- **Exemplo:** Durante uma crise de imagem, uma rede de fast food decidiu reformular sua mensagem:
    - Antes: "Estamos resolvendo os problemas de qualidade."
    - Depois: "Estamos introduzindo ingredientes frescos e de alta qualidade em nosso cardápio."

O segundo enquadramento não apenas reconhece o problema, mas o transforma em uma narrativa positiva, ajudando a marca a se recuperar e crescer.

Impacto Social e o Papel do Enquadramento

O enquadramento também influencia o comportamento do consumidor em questões sociais e ambientais, moldando a percepção pública de marcas comprometidas com sustentabilidade ou responsabilidade social.

- **Exemplo:** Campanhas sobre mudanças climáticas frequentemente utilizam dois tipos de enquadramento:

"Se continuarmos nesse ritmo, perderemos florestas e recursos essenciais."

"Podemos preservar 70% das nossas florestas e garantir um futuro sustentável."

A segunda mensagem, com um tom de ascensão e esperança, frequentemente gera maior engajamento e ações positivas.

Da Consciência à Ascensão: Como o Consumidor Pode Se Proteger

Embora o efeito de enquadramento seja uma ferramenta poderosa para impulsionar ascensões no mercado, ele também pode manipular consumidores, levando-os a decisões impulsivas ou mal informadas. Para evitar quedas pessoais, é essencial:

Reformular a mensagem: Tente reinterpretar promoções ou mensagens de marketing em outros termos para avaliar se o valor real permanece.

Buscar dados objetivos: Foco em números e fatos, em vez de respostas emocionais ao tom da mensagem.

Comparar alternativas: Avalie várias opções antes de tomar uma decisão com base em um único enquadramento.

Por tanto o efeito de enquadramento é um jogo delicado entre queda e ascensão. Empresas que dominam essa técnica podem transformar fracassos em sucessos e consumidores hesitantes em clientes fiéis. No entanto, os consumidores, por sua vez, podem usar o conhecimento desse fenômeno para se protegerem de manipulações e tomar decisões mais racionais. O verdadeiro equilíbrio está em reconhecer como esses mecanismos funcionam e usá-los para criar cenários onde todos possam prosperar.

6. O Impacto da Arquitetura de Escolhas na Tomada de Decisão

A arquitetura de escolhas molda decisões ao organizar o ambiente e a apresentação das opções disponíveis. Esse conceito, amplamente estudado por Richard Thaler e Cass Sunstein em *Nudge* (2008), demonstra como pequenos ajustes no design de escolhas podem levar a diferentes desfechos, impulsionando ascensões ou precipitando quedas, tanto para indivíduos quanto para organizações.

Defaults: As Decisões Automáticas

As opções pré-selecionadas (defaults) são um dos exemplos mais claros da arquitetura de escolhas:

- **Queda:** Um plano de celular configurado automaticamente com pacotes caros pode levar o consumidor a gastar mais do que o necessário.
- **Ascensão:** Planos previdenciários que inscrevem automaticamente novos funcionários aumentam a poupança para aposentadoria, como demonstrado em estudos sobre adesão automática no Reino Unido (Behavioural Insights Team, 2013).

Nudges: Pequenos Empurrões

Os nudges influenciam escolhas de forma sutil, preservando a liberdade de decisão:

- **Queda:** Promoções com mensagens como "Aproveite antes que acabe!" exploram a urgência, induzindo decisões impulsivas.
- **Ascensão:** Relatórios de consumo energético que comparam o uso individual ao da vizinhança ajudam a reduzir o desperdício, conforme estudos de Allcott & Rogers (2014).

A Ética na Arquitetura de Escolhas

O uso ético da arquitetura de escolhas é crucial para evitar manipulações prejudiciais. Empresas que destacam benefícios sem ocultar custos reforçam a confiança e promovem decisões informadas, enquanto práticas que exploram vieses cognitivos podem gerar insatisfação e declínio da reputação.

A arquitetura de escolhas é uma ferramenta poderosa que molda as decisões humanas de maneira sutil, mas altamente eficaz. Ela opera como um equilíbrio dinâmico entre queda e ascensão, influenciando não apenas resultados individuais, mas também os coletivos. Sua força reside na capacidade de transformar pequenos ajustes em grandes impactos comportamentais, o que pode ser usado para benefício mútuo ou para manipulação.

Na perspectiva da **ascensão**, a arquitetura de escolhas incentiva práticas positivas, como o aumento da adesão a programas previdenciários automáticos ou o estímulo a escolhas sustentáveis no consumo. Por exemplo, ao destacar vantagens claras e reais ou facilitar o acesso a opções desejáveis, as organizações podem criar ambientes que promovem o bem-estar e o progresso econômico e social. Empresas e governos que adotam abordagens éticas reforçam a confiança pública, demonstrando como decisões informadas e acessíveis podem beneficiar todos os envolvidos.

Por outro lado, a má utilização da arquitetura de escolhas pode levar à **queda**, gerando insatisfação, perda de confiança e escolhas que prejudicam o tomador de decisão. Isso ocorre quando opções são apresentadas de forma manipuladora ou quando defaults e nudges exploram vieses cognitivos para vantagens unilaterais. Esses casos destacam a necessidade de regulamentações e supervisão ética para garantir que a arquitetura de escolhas seja usada para capacitar, e não explorar.

Para consumidores, compreender esses mecanismos é um passo crucial para evitar armadilhas e tomar decisões alinhadas com seus objetivos. Já para instituições, o design ético da arquitetura de escolhas oferece a oportunidade de criar conexões mais profundas e duradouras com seu público.

Portanto, a verdadeira ascensão ocorre quando a arquitetura de escolhas é desenhada para fomentar decisões conscientes, equilibrando a liberdade individual com o suporte necessário para escolhas mais informadas e responsáveis. O sucesso nesse equilíbrio pode ser a chave para um futuro onde as decisões sejam tanto mais justas quanto mais eficazes, promovendo o crescimento sustentável e a confiança mútua entre organizações e indivíduos.

7. Aplicações Práticas: Economia Comportamental e a Construção de Caminhos

A arquitetura de escolhas permeia diversas áreas práticas, onde seu uso pode representar uma bifurcação entre queda e ascensão:

Finanças:

- **Queda:** Incentivar o endividamento por meio de limites de crédito excessivamente altos sem transparência.
- **Ascensão:** Ferramentas como notificações automáticas de gastos excessivos ajudam indivíduos a gerenciar melhor suas finanças.

Marketing:

- **Queda:** Promoções que exploram emoções negativas, como medo de perder, para induzir decisões precipitadas.
- **Ascensão:** Campanhas que destacam impactos positivos, como a sustentabilidade de produtos, incentivam consumo consciente.

Saúde Pública:

- **Queda:** Estruturas complexas para adesão a campanhas de vacinação podem levar a baixos índices de imunização.
- **Ascensão:** Programas que tornam a vacinação o padrão, exigindo o mínimo esforço do cidadão, demonstraram aumento significativo na cobertura vacinal (Milkman et al., 2011).

A arquitetura de escolhas, como conceito central na economia comportamental, revela sua dualidade entre queda e ascensão ao refletir o poder do design nas decisões humanas. Em sua essência, essa abordagem pode tanto criar atalhos para o progresso individual e coletivo quanto se tornar um mecanismo de manipulação que relega o indivíduo a um estado de vulnerabilidade cognitiva. A responsabilidade de quem a aplica é enorme, pois o impacto que ela tem sobre as escolhas individuais pode ressoar profundamente nas sociedades e na estrutura de mercados, políticas públicas e interações sociais.

O verdadeiro potencial da arquitetura de escolhas reside em seu uso ético e inteligente, que deve ir além da simples maximização de lucros ou da implementação de soluções de curto-prazismo. Quando orientada por princípios de equidade, transparência e empoderamento, ela pode se tornar uma força poderosa de ascensão social e econômica. Um dos principais desafios é garantir que os designs das escolhas realmente sirvam ao interesse do indivíduo, sem deixar de lado o bem-estar coletivo. Quando aplicada corretamente, pode criar um ciclo de benefícios mútuos, que não só melhora as condições de vida do indivíduo, mas também fomenta a coesão social e o fortalecimento de instituições.

Por exemplo, no contexto de políticas públicas, governos podem criar incentivos que alinhavam o comportamento individual com o bem-estar social de forma transparente, como no caso dos programas de adesão automática a planos de saúde e previdência, que aumentam a cobertura e a segurança financeira da população. Esses programas não apenas favorecem decisões mais informadas e saudáveis, mas também podem incentivar um comportamento mais sustentável e responsável, como em iniciativas que promovem o consumo consciente e a preservação ambiental.

Entretanto, o risco de queda não pode ser subestimado. Quando a arquitetura de escolhas é mal aplicada, ela se torna uma ferramenta de manipulação e exploração das falhas cognitivas dos indivíduos, levando a decisões prejudiciais tanto no nível financeiro quanto no emocional. Em contextos como o marketing, uma arquitetura de escolhas enviesada pode criar urgência artificial para decisões impulsivas, ou explorar o medo da perda de forma a maximizar lucros sem consideração pelo impacto que isso tem sobre o consumidor. Esse tipo de exploração mina a confiança nas instituições e alimenta um ciclo vicioso de desinformação e vulnerabilidade, resultando em escolhas subótimas e em consequências econômicas e sociais indesejadas.

Em termos de impactos sociais, essa "queda" pode ser vista em mercados onde as empresas priorizam lucros sobre a saúde do consumidor, como em produtos financeiros desproporcionais ou seguros de saúde que não atendem adequadamente à população. No caso de governos, políticas públicas mal desenhadas podem não só ser ineficazes, mas também resultar em desigualdades e falta de acesso a serviços essenciais, perpetuando o ciclo de pobreza e exclusão social.

Portanto, o verdadeiro desafio está na conscientização coletiva sobre como as escolhas são moldadas e como podemos ser mais críticos em relação ao ambiente em que tomamos decisões. Para organizações, isso implica uma reflexão constante sobre como suas práticas impactam as escolhas dos consumidores e uma responsabilização ética pela forma como essas escolhas são projetadas. Para governos, isso exige um compromisso com políticas públicas que não apenas promovam o bem-estar individual, mas que também criem um campo de jogo equitativo para todos. Já para indivíduos, o desenvolvimento de uma maior alfabetização comportamental é essencial. Isso envolve entender como as escolhas são moldadas, reconhecer as armadilhas do design manipulado e buscar informações claras e imparciais ao tomar decisões importantes.

O futuro da arquitetura de escolhas está na sua capacidade de equilibrar a liberdade individual com a responsabilidade coletiva. Para que a ascensão se torne a norma, é preciso garantir que os sistemas criados para facilitar as escolhas também sejam transparentes e justos. Este equilíbrio não é apenas técnico, mas profundamente ético: é preciso garantir que a eficiência e a inovação não se sobreponham ao respeito pela autonomia e dignidade do ser humano.

Ao construir um ambiente em que as escolhas sejam desenhadas de maneira responsável, respeitando as necessidades, valores e capacidades dos indivíduos, a arquitetura de escolhas pode ser a chave para um futuro mais equitativo, transparente e próspero. Em última análise, a ascensão está em criar um contexto onde cada pessoa tenha as condições de alcançar seu potencial máximo, fazendo escolhas que a elevem em todas as esferas da vida, seja financeira, social ou emocional. E é esse tipo de ascensão que deve ser a meta de todos os envolvidos na construção do ambiente decisório do futuro.

8. Referências Bibliográficas

1. **Thaler, R. H., & Sunstein, C. R. (2008).** *Nudge: Melhorando Decisões Sobre Saúde, Riqueza e Felicidade.* Yale University Press.
2. **Kahneman, D. (2011).** *Rápido e Devagar: Duas Formas de Pensar.* Farrar, Straus and Giroux.
3. **Ariely, D. (2008).** *Previsivelmente Irracional: As Forças Ocultas que Moldam Nossas Decisões.* HarperCollins.
4. **Tversky, A., & Kahneman, D. (1974).** *Julgamento Sob Incerteza: Heurísticas e Vieses. Science*, 185(4157), 1124–1131.
5. **Simon, H. A. (1955).** *Um Modelo Comportamental de Escolha Racional. The Quarterly Journal of Economics*, 69(1), 99–118.
6. **Camerer, C. F., & Loewenstein, G. (2004).** *Economia Comportamental: Passado, Presente, Futuro. Advances in Behavioral Economics.* Princeton University Press.
7. **Gigerenzer, G., & Gaissmaier, W. (2011).** *Tomada de Decisão Heurística. Annual Review of Psychology*, 62, 451–482.
8. **Loewenstein, G., & Lerner, J. S. (2003).** *O Papel do Afeto na Tomada de Decisão. Handbook of Affective Science.* Oxford University Press.

9. **Milkman, K. L., Chugh, D., & Bazerman, M. H. (2009).** *Como a Tomada de Decisão Pode Ser Melhorada? Perspectives on Psychological Science*, 4(4), 379–383.
10. **Sunstein, C. R. (2014).** *Por que Nudge? A Política do Paternalismo Libertário.* Yale University Press.
11. **Schmidt, A. T., & Engelen, B. (2020).** *A Ética do Nudging: Uma Visão Geral. Philosophy Compass*, 15(4).
12. **Johnson, E. J., & Goldstein, D. G. (2003).** *Os Defaults Salvam Vidas? Science*, 302(5649), 1338–1339.

www.ingramcontent.com/pod-product-compliance
Lightning Source LLC
Chambersburg PA
CBHW070944220526
45469CB00007B/2508